CHISTES JUDÍOS
QUE ME CONTÓ MI PADRE

Abrasha Rotenberg

Chistes judíos

que me contó mi padre

libros del
Zorzal

Foto del autor en contratapa: Martín Páez.

© 2024. Libros del Zorzal, SL
España
<www.delzorzal.com>

ISBN 978-84-19496-34-8
Depósito legal M-25775-2024

Impreso en España / *Printed in Spain*

Índice

Para Dina Rot, compañera de risas.

Antes de reír

¿Vale la pena hacer un libro con chistes judíos? ¿Vale la pena hacerlo, en general, con chistes y cuentos de humor? ¿No pierden estas narraciones, al ser escritas, lo que tienen de humorístico? Un chiste no es un soneto, una joya del lenguaje. Necesita entonaciones de voz, pausas de intriga, gestos elocuentes que acompañen la acción contada, alguna sonrisa de complicidad que prepare el buen humor del oyente.

El primer interés de una recopilación como la que sigue —a pesar de las limitaciones mencionadas— reside en que los cuentos se suceden sin ningún orden preestablecido, acaso con una leve asociación de ideas, como suelen ser contados en una sobremesa. Además, el lector puede enterarse de cómo termina el cuento, sin ser interrumpido, como ocurre generalmente en cualquier reunión. Por otro lado, estas recopilaciones salvan del olvido muchas historias que, por no estar escritas, corren el riesgo de disolverse en el desuso.

El humor judío también merece rescatarse porque salvaguarda uno de los caracteres más profundos de eso que suele denominarse "alma hebrea", a veces con admiración y otras con desprecio. Nadie como los judíos ha sabido satirizar sus propias características y defectos, como una manera constante de rememorar quiénes eran y cómo se veían a sí mismos. Desde luego, este humor fue explotado –y lo sigue siendo– por los antisemitas, que exponen estos caracteres ridiculizados como si fuesen los únicos del "alma judía", sus componentes exclusivos. Y, desde luego, la realidad del judío es otra. Éste, como todo ser humano, es universal; se parece y se distingue de los demás pueblos como éstos entre sí. Los antisemitas desdeñan todo aquello que los judíos tienen en común con el resto de la humanidad y el "alma judía" se convierte, así, en una caricatura.

Por fin, la pequeña remembranza que ofrecemos al lector es, en un tono leve y divertido, un ejemplo de la literatura judía que se da en la propia Biblia: el héroe judío como antihéroe, como paladín que siempre es sorprendido por el narrador de los Libros Sagrados en alguna debilidad humana.

El humor no es un mero pasatiempo: en todo chiste hay un contenido bastante serio. Esto lo dijo y trató de demostrarlo un judío llamado Sigmund Freud. Más acá de tales complicaciones, también está el clásico castigat ridendo mores, o sea, el educar moralmente por medio del humor.

Tal vez mis futuros críticos tengan razón: algunos de estos relatos tienen la edad de nuestros abuelos (por eso me los contó mi padre), pero la esencia del chiste reside en su presto olvido y por lo tanto los mismos chistes, cuando se repiten, hacen reír nuevamente al mismo lector u oyente. (De todas formas, para no correr riesgos, lo más seguro es cambiar de oyentes). Lector: si nada de lo antedicho te convence, no importa. Ríete lo mismo, de buena gana, con y a expensas de los judíos, es decir, a expensas de la naturaleza humana.

A Dios, lo que es de Dios

Se reúnen ecuménicamente, siguiendo una tradición local, un rabino, un pastor protestante y un cura católico. Hablan de Dios, de sus feligreses y de la difícil tarea que se han impuesto en la Tierra.

Comentan también su vida cotidiana.

–¿Qué hacen con el aporte de los fieles?

–Yo –dice el cura– lo he resuelto de esta manera. Trazo un círculo en el suelo, tomo el dinero de las limosnas y lo suelto sobre el círculo. Lo que queda dentro de él es para Dios, lo que queda fuera, para mis necesidades.

–Yo –comenta por su parte el pastor protestante– hago algo similar. Trazo una señal en el suelo y tiro el dinero. Lo que cruza la señal es para Dios, lo que no, es para mí.

–¿Y usted, rabino?

–¿Yo? Yo lo arreglo directamente con Dios. Junto todo el dinero y lo lanzo hacia el cielo. Lo que Dios quiere, se lo guarda para sí, y lo que no, lo deja caer al suelo y queda para mí.

Algunos hijos de Dios tienen alas

Durante la Gran Guerra los soldados rusos luchan ferozmente desde sus trincheras contra el enemigo. De pie, con el fusil siempre en actividad, buscan un blanco en la trinchera que está a corta distancia, frente a ellos.

El sargento se pasea satisfecho con el patriotismo y lealtad de sus subordinados, hasta que de pronto descubre que Moisés, el único soldado judío del batallón, apunta su fusil hacia arriba y dirige hacia allí sus proyectiles.

—Imbécil —le grita—, tienes que tirar enfrente.

—¿Cómo enfrente? ¿No ve que enfrente hay hombres?

Una larga, aunque no triste, historia de amor

En un pueblecito judío perdido en la Rusia zarista, había una muchacha soltera, en edad de merecer. Era la hija del rabino, es decir que pertenecía a la élite de su comunidad. Había dejado pasar numerosas oportunidades de casarse, impulsada por el orgullo de su prosapia y el desdén por la supuesta inferioridad de sus pretendientes. Y ahora, sola y huérfana, discurre entre la tristeza y el olvido. Mejor dicho: el casi olvido, pues es virtud judía casar a las huérfanas (y también a las que no lo son) y para tan noble ejercicio existen las casamenteras. Una de ellas visitó repentinamente a la soltera no tan joven y sin pudores le expuso los motivos de su presencia:

—Debes casarte —le dijo—. Has rechazado a los mejores partidos y ahora, como ya no eres tan joven, no tienes muchas posibilidades de elegir. En el pueblo hay un solo candidato que estaría dispuesto a desposarte. Hablaré sin rodeos: el carnicero.

–¡El carnicero! –exclamó la joven, al borde del desmayo.

El carnicero era el último escalón en la categoría social. La hija de un rabino, ¿casarse con un carnicero? ¡Jamás!

Sin embargo, pensó en su situación, en su soledad, y en el futuro incierto que le esperaba y tomó una decisión: se casaría con el carnicero.

El pueblo entero se conmocionó.

El carnicero era primitivo, robusto y vigoroso y su educación dejaba todo por desear.

La noche de bodas se mantuvo discreto y discretamente desapareció con la novia para disfrutar de su luna de miel.

Todo el pueblo se interrogaba maliciosamente qué podría resultar de la unión de la hija de un rabino y un carnicero.

Las mujeres del lugar aguardaron pacientemente. Cuando la recién casada visitó el baño público para higienizarse según lo establecen las leyes y los hábitos consuetudinarios, dieron lengua suelta a su curiosidad.

–¡Ay! –contestó la hija del rabino–. Un carnicero será siempre un carnicero… Les voy a contar toda la verdad. La primera noche, fatigada por los trajines de la fiesta, me fui a acostar, cuando de pronto, lo veo a mi lado.

–¿Qué haces? –le pregunté.

–¿Cómo qué hago? ¿No es nuestra noche de bodas?

–Tiene razón –me digo–, hoy le corresponde.

A la noche siguiente, domingo, me voy a acostar fatigada, cuando repentinamente está a mi lado.

–¿Qué haces? –digo.

–Mi padre lo hacía todos los domingos, y yo seguiré fielmente sus costumbres.

El lunes, agobiada, intento dormir, cuando de pronto aparece nuevamente.

–¿Qué haces? –interrogo.

–Mi abuelo lo hacía todos los lunes, y yo seguiré fielmente sus costumbres.

Y así el martes fue un tío, el miércoles un primo, el jueves un pariente cercano. Amigas: un carnicero será siempre un carnicero. Una bestia. Pero en cambio, su familia me ha dado muchas satisfacciones.

Un padre que da consejos…

–Hijo mío, en la vida debes ganar dinero. De cualquier manera. Aunque sea también honradamente.

Un padre que pregunta

–Hijo mío, si trabajas tantas horas por día, ¿cuándo vas a tener tiempo para ganar dinero?

Recuerde el alma dormida

En una ciudad polaca había dos rabinos. Contrariamente a lo que podría suponerse, sus relaciones eran cordiales, tal vez porque se reducían a un saludo amable cuando todas las mañanas se encontraban montados en sus respectivos caballos.

–Buenos días, *reb* Moisés.

—Buenos días, *reb* Isaac.

Y eso era todo.

Un día, el rabino Isaac se cruza con el rabino Moisés, pero éste va a pie.

—¿Qué le ha ocurrido a su caballo, *reb* Moisés?

—Ha desaparecido —contesta preocupado el rabino Moisés.

—Si me permite —dice el rabino Isaac—, me atreveré a darle un consejo para recuperarlo.

—Bienvenido.

—El sábado, cuando usted hable a sus fieles en la sinagoga, observe detenidamente sus rostros. Introduzca el tema de los diez mandamientos y cuando llegue a "No robarás", no pierda de vista a nadie. Aquel que baje los ojos y no resista su mirada será seguramente el culpable.

Agradecido por el consejo, los rabinos se separan con recíprocas bendiciones. El domingo se cruzan nuevamente, pero esta vez el rabino Moisés va montado en su caballo.

—Buenos días, *reb* Moisés. Me alegro de que mi consejo le haya sido útil. ¿El ladrón ha confesado?

–Bueno –contesta el rabino Moisés–. No hubo ladrón. Todo ha ocurrido sin embargo tal como usted había pensado. Pero con una pequeña diferencia: cuando empecé a recitar los mandamientos y llegué a "No desearás a la mujer de tu prójimo", me acordé dónde estaba el caballo.

Como decía Einstein, todo es relativo

La señora Goldenberg se encuentra con la señora Lerner.

–¿Cómo está usted, señora Lerner?

–Muy bien, señora Goldenberg.

–¿Y su hija, cómo está?

–¡Oh!, maravillosamente bien, señora Goldenberg. Mi hija es la persona más feliz del mundo. Se ha casado con un hombre generoso y trabajador. Lleva una vida envidiable. Cuando se despierta, generalmente al mediodía, toma el desayuno en la cama.

Casi todos los días almuerza en los mejores restaurantes de la ciudad. Y luego va de compras a las tiendas más distinguidas. Viste como una artista. Toma el té con sus amigas y todas las noches concurre a alguna fiesta, que por lo general termina a la madrugada. Como ve, una vida hermosa.

–¿Y cómo está su hijo, señora Lerner?

–¿Mi hijo? Ni me pregunte. Mi hijo trabaja como una mula para darle todos los gustos a su esposa. Se ha casado con una perezosa que no hace nada. Se levanta tarde y toma el desayuno en la cama. Todos los días quiere comer en los mejores restaurantes de la ciudad. Gasta fortunas en ropa. Se viste como una artista. Desperdicia las tardes charlando con sus amigas y todas las noches concurre a fiestas y se acuesta a la madrugada. ¿Qué puedo decirle, señora Goldenberg? ¡Mi hijo tiene mala suerte!

Más relatividad

—Hola, Jacobo, ¿cómo está tu mujer?

—¿Comparada con quién?

El misterio del espía

El mundo de los espías es enigmático y tenebroso. Todo se mueve en el susurro, el misterio y el anonimato. Una palabra inadecuada en el momento inoportuno puede costar muchas vidas. La seguridad de un espía depende de su talento para mantenerse fuera de cualquier sospecha sobre la índole de su trabajo. Se trata de una regla general, a la cual tampoco pueden sustraerse los espías judíos.

Por esta razón, en el caso que nos ocupa, era imprescindible contar con un hombre de tacto, discreción y astucia para transmitir urgentemente un mensaje a Tel Aviv.

—Éstas son las instrucciones —le dijeron—. Al llegar a Tel Aviv te dirigirás de inmediato a la calle Haifa nº 2. Irás al apartamento del señor Lerner y cuando te abra la puerta dirás: "Partir es morir un poco. Morir es partir demasiado". Ni una palabra más, ni una palabra menos. No deberás hablar con nadie antes, durante o después de transmitir tu mensaje. Y las únicas palabras que pronunciarás serán las mencionadas.

El hombre no necesitaba que le repitieran las instrucciones. Había superado situaciones más arriesgadas y complejas. Cumplió estrictamente las órdenes. Llegó a Tel Aviv y sin hablar con nadie se dirigió rápidamente a la calle Haifa nº 2. Pero ahí surgió la primera dificultad: en el edificio vivían dos Lerner. Uno en el primer piso, el otro en el quinto. ¿Cuál de los dos era el indicado? Si le estaba prohibido decir una palabra de más, ¿qué debía hacer para no equivocarse? Pero un hombre curtido por la experiencia no se amilana: se deja guiar por su intuición.

Resueltamente el hombre se dirigió al primer piso. Tocó el timbre y cuando se abrió la puerta tuvo la seguridad de haber acertado:

—Partir es morir un poco. Morir es partir demasiado —declaró ceremoniosamente.

—¡Ah! —le respondió Lerner—. ¿Usted busca al espía? Vive en el quinto.

Más vale prevenir

Había estallado la guerra y los emisarios del zar caían repentinamente sobre las aldeas judías con el propósito de reclutar soldados para su ejército. No constituía un gran privilegio ni era muy recomendable formar parte de las tropas del zar. Normalmente el servicio militar se dilataba por decenios y pocos deseaban abandonar a sus padres o a sus mujeres e hijos para padecer humillaciones, hambre y suciedad. Por este motivo, cuando los emisarios del zar se acercaban a una aldea todos los jóvenes huían rápidamente para evitar el reclutamiento. A la aldea de Tchon llegó la noticia de que los emisarios se aproximaban y todos los jóvenes comenzaron a escapar. De pronto se sumó al grupo juvenil un anciano agobiado por los años.

—Abuelo —le dice un joven—, ¿qué hace? ¿Por qué huye?

—¿Cómo por qué huyo? Insensato. No comprendes nada. ¿Crees que no necesitan generales?

El bufón del rey

Moisés Mendelsohn, erudito y filósofo judío que vivió en tiempos de Federico II de Prusia, tenía un físico poco agraciado pero un ingenio agudísimo. El rey se deleitaba con su compañía. A menudo lo invitaba a su mesa y lo provocaba. Una vez, mientras se celebraba un banquete, el rey, que estaba de buen humor, envió una esquela a Mendelsohn, en la cual había escrito: "Moisés Mendelsohn, primer idiota de Prusia". Mendelsohn recibió la esquela, la leyó y, delante de los comensales, dijo en voz alta:

—¿Ha sido Su Majestad quien me ha escrito?

—Sí —contestó Federico II—. He sido yo.

—Entonces le ruego que tenga usted la amabilidad de firmar la nota.

—Encantado —dijo el rey.

Cuando Federico II firmó la esquela, Mendelsohn le dijo:

—Le ruego ahora la lea completa.

Cuando el rey accedió al pedido, toda la corte estalló en carcajadas, porque el texto había quedado así: "Moisés Mendelsohn, primer idiota de Prusia. Federico II".

Una solución inteligente y tierna

En los pequeños pueblos el rabino era figura principal. Además de cumplir con su actividad religiosa, estaba obligado a resolver los problemas morales, económicos y sociales de la comunidad. Generalmente, con tranquila sabiduría, encontraba la respuesta adecuada. Cuando el rabino pertenecía al jasidismo, movimiento religioso en el cual la erudición perdía posiciones frente a la alegría de la relación del hombre con Dios, se convertía entonces en un intermediario todavía más sensible.

En una aldea de judíos, perdida en la vasta Rusia de los zares, agobiada por la pobreza, el hambre y la ignorancia, pero con una profunda fe en Dios y en su generosidad, vivía un judío en peores condiciones que los demás. Fue a visitar a su rabino y le dijo:

—Rabino, no aguanto más. Vivimos en una pequeña habitación mi mujer, mis suegros, mis ocho hijos y yo. El aire es irrespirable. No podemos movernos. Amanecemos destrozados, sin fuerzas, sin intimidad. Es un castigo de Dios. Ayúdenos, rabino, necesitamos su consejo.

El rabino buscó desesperadamente en las profundidades de su conciencia alguna generosa luz de Dios, alguna idea salvadora.

—Me pides un consejo, mi querido David. Dime, ¿aún tienes aquella cabra que alimentaba con su leche a tus pequeños? ¿Aún vive?

–Sí –respondió el judío–. Gracias a Dios aún vive y nos ayuda a sobrevivir.

–Pues bien. Desde esta noche, dormirá en tu habitación y compartirá vuestro sueño.

–¡En nuestra habitación! –exclamó el judío.

–Tal como lo oyes –respondió enigmáticamente el rabino.

El judío se marchó deprimido y triste, pero como se trataba de la voluntad de Dios, aceptó su decisión sin dudarlo.

A los pocos días, volvió a visitar a su rabino.

–¡Oy! –exclamaba desesperado–. No podemos más. Desde que está la cabra con nosotros la vida es un infierno. Su olor es insoportable. De noche camina sobre nuestros cuerpos y no nos deja dormir. No podemos respirar. Por el amor de Dios, ¿qué podemos hacer?

–Bien –dijo finalmente el rabino–. Te daré un consejo, ya que me lo pides. Retira la cabra de la habitación y haz que duerma afuera.

El judío retornó rápidamente a su casa. A los pocos días estaba de vuelta trayendo un regalo para el rabino.

—Rabino, bendito sea Dios. Usted es un sabio. Hemos sacado la cabra de la habitación y hasta ahora nunca fuimos tan felices. Nunca. Gracias, rabino, gracias a Dios por su sabiduría.

Un loro judío

¿Qué se puede hacer con una madre judía, viuda, que vive sola, sin amistades y sin compañía posible porque solamente habla ídish? ¿Qué pueden regalarle sus hijos, intelectuales judíos, profesionales de situación acomodada, en el día de su cumpleaños?

—Tengo una gran idea —dijo Moisés, el mayor—. La gran solución. Le podríamos regalar un loro que hable ídish. Así tendrá con quien conversar, se entretendrá y además, será para ella una excelente compañía.

¿Un loro que hable ídish? La idea parecía irrealizable, pero era tentadora y los hermanos decidieron empeñarse en buscar un loro con tales atributos. Nueva York es una ciudad inmensa y se puede encontrar en ella todo lo que se desea, siempre que se esté dispuesto a pagarlo. Como en todas partes.

A los pocos días descubrieron al loro ideal. Un bello pajarraco que hablaba un ídish perfecto, aunque con un oculto acento polaco que lo vulgarizaba un poco. ¿Hace falta confesar que pagaron por él varios miles de dólares? ¿Qué no se hace para que una madre judía tenga un poco de felicidad? (y deje a sus hijos en paz para jugar al póquer con sus amigos…).

La mañana del cumpleaños enviaron el loro a la madre en una jaula preciosa. Los hijos aguardaban su reacción con impaciencia, pero transcurrió casi todo el día y la madre ni siquiera intentó comunicarse con ellos. Al anochecer, ya inquieto, Moisés telefoneó a su madre.

–Mamá, ¿qué te pareció el loro?

–Delicioso, hijo, delicioso. Nunca había comido nada más tierno.

Nada más que un corazón solitario

En cierta ciudad donde las partidas de póquer en privado eran ilegales, un vecino descubre que en la casa de al lado hay tres hombres jugando. Llama a la policía y ésta comprueba con cierta sorpresa que los jugadores son un cura católico, un pastor protestante y un rabino judío. El sargento piensa en las adversas consecuencias que podría producir la difusión del episodio y ofrece una solución.

—Si me juran que no estaban jugando al póquer, aceptaré su declaración y no presentaremos cargos.

El cura piensa en el escándalo que produciría la denuncia y resuelve elegir el mal menor que, por otra parte, podrá lavar en una confesión. Jura, por lo tanto, que no estaba jugando al póquer. El pastor protestante, movido por idénticas consideraciones, agravadas por la condena del juego propia de ciertas posiciones puritanas, hace lo propio. Cuando le llega el turno al rabino, éste se niega rotundamente a jurar.

—Yo no juro —repite insistentemente.

El sargento, ya irritado, lo increpa.

—¿Admite, pues, que estaba usted jugando al póquer?

—¿Yo? —contesta asombrado el rabino—, ¿con quién? ¿Solo?

Un regalo inesperado

Se organiza una licitación internacional para presupuestar la construcción de un canal que una Inglaterra con Francia. Como se trata de un proyecto de gran alcance, se presentan las empresas más importantes del mundo y las cifras que se barajan son demenciales: cinco mil millones de dólares, cuatro mil millones de dólares, tres mil millones de dólares. Sin embargo, la comisión encargada de estudiar las ofertas también recibe —no sin asombro— un presupuesto que, si no hubiese sido ridículo, podría haber sido calificado de muy tentador: 100.000 dólares. La empresa ofertante: Rabinovich e Hijo. Obligados por las formalidades legales, los miembros de la comisión no tienen otra alternativa que la de citar a todos los participantes y especialmente (en realidad se morían de curiosidad) a Rabinovich e Hijo. Aparece un judío de mediana edad, acompañado de un joven enérgico y robusto.

–Señor Rabinovich –le preguntan–, estamos muy intrigados por su presupuesto. ¿Cómo pueden construir un canal de este tipo por 100.000 dólares, cuando la oferta más baja es de 3.000 millones?

–Muy sencillo –contesta Rabinovich–. Nuestra firma está integrada por sólo dos socios. Los que usted ve, mi hijo y yo. Somos muy modestos y nuestros gastos generales son mínimos. No dilapidamos en publicidad y todo nos resulta muy barato.

–A pesar de lo que usted dice –comenta el presidente de la comisión–, la construcción de un canal requiere medios técnicos complejos y sofisticados. ¿Cuál es su plan de trabajo?

–Muy simple. Yo me coloco en un extremo, en Dover, y mi hijo del otro lado, en Calais. Ambos tenemos un pico y una pala. Avanzamos simultáneamente y al encontrarnos a mitad de camino el canal estará terminado.

—Pero, ¿qué ocurrirá si por error no se encuentran a mitad de camino?

—En ese caso ustedes habrán hecho el negocio del siglo: tendrán dos canales al precio de uno.

Todos los tambores no son de hojalata

En el ejército del zar de todas las Rusias había un soldado judío que tocaba el tambor. Formaba parte de un batallón privilegiado. Sus compañeros eran altos, esbeltos y fornidos e iban armados hasta los dientes.

Un día el zar decide revistarlos. Se acerca al primero (el más alto, el más corpulento, el más feroz) y le pregunta:

—Dime, Iván, ¿amas a tu zar?

—Con toda mi alma.

—¿Serías capaz de asesinarlo?

—Antes me mataría.

—El zar agradece tu fidelidad.

El zar se acerca al segundo soldado, le hace las mismas preguntas y recibe idénticas respuestas.

Por último se acerca al pequeño Moisés que, agobiado por el peso de su tambor, trata de mantenerse a duras penas en la posición de firme.

—Dime, Moisés —le pregunta el soberano siguiendo la rutina—. ¿Amas a tu zar?

—Con toda mi alma.

—¿Serías capaz de asesinarlo?

—¿Cómo? ¿Con este tambor?

El enigma del loro

Las jóvenes intelectuales judías, dotadas generosamente por Dios con un buen cerebro, compensan a menudo sus virtudes espirituales con algunas imperfecciones físicas. Es como si el Hacedor, fascinado por la luz interna que irradia su criatura, terminase con cierta desgana el exterior de su maravillosa obra. Pero los jóvenes judíos (intelectuales o no) carecen de la Gracia Divina y ponen mayor énfasis e interés justo allí donde Dios realizó el menor esfuerzo. Resultado: las jóvenes intelectuales terminan envejeciendo sin compañía.

Esto le ocurrió a la señorita Goldstein. Muchacha inquieta si las hay, preocupada por la filosofía, la literatura, la política y el feminismo, y con la soledad por único pretendiente. Siempre sola en su apartamento, vivía torturada por el silencio y la necesidad de dialogar con alguien. Pero nadie venía a visitarla. Y a nadie le importaban sus ideas relucientes y sus escasos atractivos físicos en una madurez que más se parecía a una completa decadencia. Un buen día tuvo una idea: ya que los humanos le negaban el diálogo, ¿por qué no recurrir a un loro para conversar con él? Allí estaba la solución.

A la mañana siguiente se dirigió a una pajarería. La atendió el propietario en persona, el señor Veitzman.

–¿Un loro que converse? Tengo el loro más sofisticado y culto de Nueva York. Habla perfectamente inglés, francés y alemán. Le puede citar al correr de la conversación a Proust, a T. Simpson y a Lawrence Durrell. Es suyo por sólo mil dólares.

–Bueno –dijo la interesada–. Es una pequeña fortuna, pero me lo llevo.

Pasó el primer día. Y el segundo. Y el tercero. Y el cuarto.

La señorita Goldstein intentó iniciar un diálogo con el loro, que no abría la boca. Indignada, volvió a la pajarería.

–Usted me dijo que el loro hablaba tres idiomas y no le escuché ni una palabra en ninguno.

–Bueno –dijo Veitzman–. Muy bien. Es posible que no hable, pero usted no se imagina las maravillas que piensa.

El valor de una mujer

—¿Cuánto darías por mi mujer? —pregunta Moisés a Jacobo.

—¿Por tu mujer? Nada.

—Es tuya.

Aunque la mona se vista de seda...

Dos judíos se asocian para desarrollar una pequeña industria textil. Gorodisky y Malinowski. Las circunstancias propicias y una gran capacidad de trabajo determinan que, en un período relativamente corto, se enriquezcan notoriamente.

La fortuna modifica los hábitos de los socios. Gorodisky, ambicioso, y ávido de progresar socialmente, intenta integrarse al mundo gentil, pero su apellido constituye un impedimento insalvable. Decide cortar por lo sano y, sin demasiada imaginación, lo cambia. Desde entonces la sociedad se denomina González y Malinowski.

Envidioso de la situación ahora privilegiada de su socio, Malinowski opta por imitar la decisión de éste. En consecuencia y dada su igualmente escasa iniciativa, la fábrica cambia nuevamente de denominación: González y González.

Todo va muy bien hasta que empiezan a producirse las primeras dificultades, especialmente con las llamadas telefónicas.

—¿Puedo hablar con el señor González?

—¿Con cuál González? —responde la secretaria—, ¿Gorodisky o Malinowsky?

Haz el bien sin mirar a quién

Los judíos americanos suelen ser exigentes, especialmente cuando visitan Israel. Hay quienes se irritan por sus actitudes, pero también abundan los espíritus pacientes que los soportan. Uno de estos judíos americanos se instala en un bar, algo impaciente.

—Camarero —grita—. Hágame un favor. Encienda el aire acondicionado. El calor es sofocante.

—Encantado, señor —responde amablemente el camarero—. Estamos a sus órdenes.

A los pocos minutos se escucha nuevamente al judío americano.

—Camarero, venga por favor.

—¿En qué puedo serle útil?

—Apague el aire acondicionado. Hace mucho frío.

—Encantado, señor —contesta el camarero—. Enseguida lo haré.

Al poco rato se repite el diálogo.

—Camarero —vocifera el judío americano—, encienda el aire acondicionado nuevamente. No soporto este calor.

—No se preocupe, señor —responde el camarero—. Enseguida cumpliré sus órdenes.

Un judío argentino, que observa indignado la escena, no puede contenerse y llama al camarero.

—Oiga —le dice—, ¿cómo tiene tanta paciencia con ese pesado? Encender el aire acondicionado, apagar el aire acondicionado, encenderlo…

—No se preocupe, señor —dice el camarero—. Tenemos la obligación de atender a nuestros clientes y estamos encantados de poder hacerlo. Además, le voy a hacer una confesión: no tenemos aire acondicionado.

Los judíos de origen ruso y polaco suelen burlarse de los judíos centroeuropeos, especialmente de los alemanes, a quienes consideran tan rígidos y carentes de humor como a sus compatriotas gentiles. Sobre el tema se ha desarrollado un amplio repertorio humorístico. Incluimos a continuación algunas muestras.

Errar es humano

Tel Aviv. Son las tres de la madrugada y suena el teléfono. Atiende alguien con el típico acento judeo-alemán.

–*Allo* –dice.

Le responde otra voz con el mismo acento:

–¿Hablo con el uno uno, uno uno, uno uno?

–No, señor, usted está hablando con el once, once, once.

–Perdone la equivocación. Lamento profundamente haberle despertado a estas horas.

–No se preocupe, mi amigo. Igual tenía que levantarme para atender el teléfono.

Obedecerás a tu padre

–Mi hijo –dice el señor Gotlieb a su amigo Friedrich, ambos judeo-alemanes–, ha sido educado para la obediencia. Lo que yo le ordeno, sea lo que sea, él lo cumple estrictamente.

49

—A mí me parece —alega Friedrich— que eres muy estricto. Los tiempos han cambiando y los hijos tienen derecho a desembarazarse de la tutela paterna y vivir con independencia.

—No estoy de acuerdo —insiste Gotlieb—. A mí me educaron así y así educo a mis hijos.

Casualmente, en ese instante pasa el hijo de Gotlieb frente al café donde éste discute con su amigo.

—Ahora verás lo que significa obedecer —dice el señor Gotlieb.

—Hijo mío, ve a casa y averigua si estoy allí.

—Enseguida voy, padre —contesta el niño.

Sale corriendo y al cabo de un rato vuelve y dice a su padre:

—Padre, pregunté lo que me ordenaste y puedo responderte sin duda alguna que no estás en casa.

—Gracias, hijo —exclama orgulloso Gotlieb.

Aprovechando que éste se dirige al aseo, el señor Friedrich le pregunta al pequeño Gotlieb:

—¿Es cierto que has ido hasta tu casa para averiguar si tu padre estaba allí?

En ese momento, una sonrisa pícara y una mirada maliciosa se dibujan en la carita del niño.

—Señor Friedrich, ¿usted cree que soy tonto? No fui a mi casa. Me bastó con llamar por teléfono.

El protocolo lo exige

El profesor judeo-alemán Dr. Klotzman, de Tel Aviv, va a asistir a su amigo, el profesor Dr. Vassen, que vive a treinta kilómetros de la ciudad, en plena campiña. La tarde es cálida y los dos amigos conversan amablemente sobre su juventud en Berlín, el nazismo, la adaptación a la nueva vida en Israel. Pasan las horas y repentinamente estalla una tormenta. Empieza a caer una lluvia torrencial y entonces el anfitrión invita a su amigo a quedarse a dormir en la casa.

—Agradecido —dice el profesor Klotzman.

A las cuatro de la madrugada, Vassen, profundamente dormido, escucha unos golpes en la puerta. Se apresura a abrir y no puede creer lo que ven sus ojos: el profesor Klotzman está completamente mojado y con un paquete en la mano.

–¡Dios mío! ¿De dónde vienes? –le pregunta sorprendido.

–¡Oh! –dice Klotzman–. Vengo de casa. Fui a buscar el pijama para dormir.

Una caperucita roja judía

Si hay una versión judía de *Hamlet*, ¿cómo no ha de haber una historia judía de *Caperucita Roja*? Con respecto a *Hamlet* el anuncio –en un periódico en ídish– era tentador. Decía así: "Vea en ídish *Hamlet*, la inmortal obra de William Shakespeare. Traducida y *mejorada* por Moisés Kovadlovsky".

Ésta es la versión *traducida* y *mejorada* de *Caperucita Roja*.

La historia es similar. Caperucita Roja lleva alimentos para su abuelita enferma que vive, solitaria, en medio del bosque. El lobo (malo) se come a la abuelita y la sustituye, disfrazado, en su cama. Caperucita –muy ingenua– confunde al lobo con su abuelita (tal vez no la ha frecuentado asiduamente en el último tiempo), pero hay en él algunos rasgos físicos que despiertan su curiosidad. (¿Cómo habrá sido en ídish el diálogo mejorado entre Ofelia y Hamlet?)

Así habló Caperucita:

–Abuelita, ¿por qué tienes las orejas tan grandes?

–Para escucharte mejor, hijita.

–Abuelita, ¿por qué tienes los ojos tan grandes?

–Para mirarte mejor, hijita.

–Abuelita, ¿por qué tienes la nariz tan grande?

–¡Mira quién habla!

Maldición judía

Que tengas a la puerta de tu casa dos porteros.
Uno que salga corriendo y grite: "¡Un médico!". Otro que lo siga detrás y diga: "¡Demasiado tarde! ¡Ya no hace falta!".

Cincuenta es la mitad de cien

–Señores –dice un casamentero a los espe-
ranzados padres de una hermosa muchacha–.
Tengo para su hija el candidato ideal. Es joven, guapo, esbelto, culto, fino, habla varios
idiomas, sabe montar a caballo y manejarse
con soltura en la vida social. Es popular y querido por todos… Tiene todas las virtudes.

–¡Ah! Estamos encantados con su candidato.
¡Díganos quién es!

–Antes de darles su nombre –dice el casamentero bajando la voz– tengo el deber de
conciencia de confesarles algo. La felicidad
jamás es completa y la perfección absoluta no
existe. Mi candidato tiene lo que podría ser

para ustedes un pequeño inconveniente: no es judío.

—Díos mío —grita el padre—. ¿Cómo se atreve a proponer para nuestra hija un pretendiente no judío? ¿Se ha vuelto loco?

—Un momento —exclama ceremoniosamente el casamentero—. Un momento. Ni estoy loco ni soy tonto. Cuando sepan el nombre de mi candidato seguro lo aceptarán, incluso a pesar de que no es judío.

—Jamás —insiste el padre.

—Además de las virtudes señaladas anteriormente se trata de un hombre generoso e inmensamente rico. Estoy convencido de que hará feliz a su hija.

—Díganos su nombre y decidiremos —dice el padre dubitativo.

—Se trata del Príncipe Gueorgui Shushemovich Yelin, sobrino del zar.

—El sobrino del zar. ¡No podemos rechazarlo! Es un buen partido. ¡Aceptado!

—¡Enhorabuena, enhorabuena! —exclama el casamentero—. Ya he cumplido con éxito la mitad de mi trabajo. He convencido a una de las partes. Ahora sólo me falta que convencer a la otra.

Virtudes insospechadas

Isaac Stern, el famoso violinista, llega a una ciudad de provincia con el propósito de ofrecer varios conciertos. Fatigado por una larga travesía, decide descansar en la pieza de su hotel y solicita en recepción que no se le moleste. De pronto entra en su habitación un judío:

–Señor Stern, permítame permanecer un instante con usted. Yo lo admiro profundamente. Ésta será la única oportunidad de mi vida de compartir un momento de la suya. Le ruego que me permita expresarle mi admiración.

Mientras así hablaba, el judío tomó afectuosamente una mano de Stern y comenzó a besarla. Isaac Stern parecía conmovido.

–Siéntese, por favor, y cuénteme lo que desea.

–Señor Stern, quiero decirle que me siento feliz de pertenecer al pueblo judío por el solo hecho de que usted también es judío. Usted es un motivo de orgullo para todos nosotros. Su nombre ha superado las barreras de la fama y se ha transformado en estandarte del genio nuestro pueblo.

Y así sucesivamente. A una frase seguía otra y los panegíricos terminaron por agotar la riqueza del idioma.

—Yo a usted lo admiro porque es talentoso, sensible, generoso, humano…

Impresionado por el discurso y la fogosidad de los halagos, Stern se sintió obligado con el visitante.

—Nunca lo hago —dijo—. Pero sus palabras me han emocionado. Por lo tanto, y para usted como único espectador, voy a interpretar en el violín algunas de mis partituras más celebradas.

El judío no podía dar crédito a sus oídos:

—¡No me diga que también toca el violín!

Un judío orgulloso

Había una vez un judío que en toda ocasión y sin motivo aparente, repetía sin parar:

–Soy judío y estoy muy orgulloso de serlo.

–Soy judío y estoy muy orgulloso de serlo.

–Soy judío…

En una oportunidad, un amigo que no era judío, lo interrumpió con esta pregunta:

–¿Me podrías decir por qué repites todo el tiempo: "Soy judío y estoy orgulloso de serlo"?

–Simplemente porque si no estuviese orgulloso de serlo, de todas maneras seguiría siendo judío.

Un cuento chino

Cuando un judío ortodoxo llega a Nueva York no tiene muchas dificultades para encontrar un restaurante *kosher*,[1] cuya cocina se atiene estrictamente a los preceptos religiosos. Los anuncios de este tipo de restaurante forman parte del paisaje de la ciudad. Por esta razón, cuando el señor Finkelstein se sentó a

---

[1] Que prepara los alimentos de acuerdo con las reglas dietéticas judías.

la mesa de uno de éstos y comenzó a estudiar detenidamente el menú, se sorprendió al descubrir que el único camarero que atendía, carecía completamente de rasgos judíos. Más aún: parecía chino...

La sorpresa del señor Finkelstein se transformó en asombro cuando el camarero se dirigió a él en un ídish impecable.

–Me permito recomendarle nuestro *gefilte fish* (pescado relleno). Es el mejor de toda Nueva York.

El señor Finkelstein aprobó el menú sugerido por el camarero y, mientras lo disfrutaba, no dejó de observar cómo el chino, con idéntica delicadeza y siempre en ídish, atendía a los demás clientes.

Después de almorzar, aguijoneado por la curiosidad, el señor Finkelstein se dirigió a la caja, donde el propietario controlaba el aspecto financiero del negocio.

–Perdóneme la indiscreción –dijo Finkelstein–, pero quería hacerle una pregunta.

–Dígame.

–Este camarero... –titubeó Finkelstein– no parece judío.

–En efecto, no lo es. Es chino –respondió el propietario.

–¿Hace mucho que llegó a América?

–Un año.

–¿Y cómo es posible que hable ídish?

El propietario empalideció.

–No diga nada, por favor. ¡Él cree que está hablando inglés!

Sobre héroes y tumbas

Después de la Gran Guerra, un judío retorna a su ciudad natal. Envuelto en los recuerdos, desea reencontrarse con su pasado, con los seres que amó. La mayoría descansa en el cementerio y allí los visita. Recorre los silenciosos caminos y lee detenidamente las inscripciones de las tumbas. ¡Tanta gente amiga! ¡Tanta nostalgia! Pero el cementerio es pequeño y la visita termina pronto. Al volver descubre una tumba con una extraña inscripción: "Aquí yacen los restos mortales de Salomón

Lewinitsky, soldado desconocido, muerto el 14 de agosto de 1916. En paz descanse".

–¿Esto qué significa? –pregunta el recién llegado a un amigo, que lo acompaña–. Escriben que es la tumba del soldado desconocido y al mismo tiempo agregan su nombre.

–Lógico –responde el acompañante–. Salomón Lewinitsky era conocido como zapatero, pero como soldado era desconocido.

Amistades particulares

Un pordiosero judío se jacta delante de otro.

–Yo me tuteo con el zar.

–¿Cómo te vas a tutear con el zar? ¡No digas mentiras!

–Te juro que me tuteo con él. Ayer yo estaba sentado a las puertas de palacio y salió el zar. Me vio y gritó: "¡Judío asqueroso, sal de aquí!". ¿No te digo que me tuteo con el zar?

Y el sábado descansarás

Siempre es recomendable anunciarse convenientemente antes de abrir la puerta de casa, especialmente si se tiene una mujer joven y un amigo cariñoso. En caso contrario puede ocurrirle lo que a ese judío religioso que, sin previo aviso, irrumpió en su dormitorio y sorprendió un diálogo excesivamente íntimo entre su mujer y su mejor amigo, ambos en su propia cama.

—¿Moderna, eh? —le gritó sarcásticamente a su mujer—. ¡Quieres ser moderna! Lo único que falta es que también fumes el sábado.

La historia se repite

—Rabino —dice el presidente de la comunidad—, me he enterado de que tiene el propósito de dejarnos.

—Es cierto, señor. Pero no se preocupe. Mi reemplazante es una persona mucho más culta e inteligente que yo.

–Es eso lo que me preocupa. Lo mismo nos prometió su predecesor.

En boca cerrada…

–Dime, Rebeca, ¿puedes darte cuenta cuando tu marido miente, solamente mirándolo a la cara?

–Claro que sí. Es muy sencillo. Si mueve los labios, seguro que está mintiendo.

Gozar en la eternidad

Los ancianos judíos se reunían todas las noches para estudiar el Talmud. A veces la aridez del texto los obligaba a una pausa. Pero no se dilapidaba el tiempo. El diálogo se hacía más íntimo y los sueños personales, los anhelos místicos más profundos formaban parte de las confidencias nocturnas. El más allá estaba siempre presente.

—Cuando muera —dijo una vez el Rabí Meir—, me gustaría tener mi tumba junto a la de Abraham, padre del pueblo judío.

—A mí me gustaría estar al lado del rey Salomón —dijo el Rabí Jacob.

—Y a mí —agregó el Rabí Nissim—, junto al Rabí Akkiva, el gran sabio.

—¿Y a ti? —le preguntaron al joven estudiante Jaime Bercovich—. ¿Dónde te gustaría descansar?

—¿A mí? Junto a la hija del portero.

—¿Cómo "Junto a la hija del portero"? Si está viva.

—¡Por eso!

Libertad de acción

—Rabino —preguntaba un judío, interesado en los profundos problemas de la filosofía bíblica—, ¿por qué Dios hizo primero al hombre y después a la mujer?

–Porque Dios no quería tener a nadie que le diera consejos sobre cómo debía hacer al hombre.

Problemas de identidad

–Querido señor Goldman –dice el casamentero–. No entiendo cómo un hombre tan fino, culto y sociable como usted, aún no ha contraído matrimonio.

–Es que tengo un problema: cada vez que encuentro a una mujer que cocina como mamá, se parece a papá.

Tú me quieres blanca

–Mi mujer es excepcional. Lava las camisas como nadie. Me las deja completamente blancas. Incluso las azules.

Finanzas

—Mira, Moisés, la marea baja.

—¡Compra! ¡Compra!

Nadie es perfecto

—Amigo mío —dijo eufóricamente el casamentero—, tengo para usted a la novia ideal. Es joven, hermosa, de familia rica, culta, inteligente. ¿Qué más se puede pedir?

El pretendiente se sentía cada vez más entusiasmado y no podía creer en su buena suerte. Un hombre como él, de recursos y educación modestos, con un físico imperfecto, casarse con una muchacha de tantas virtudes. Dios lo había ayudado. Su alegría era tan grande que le oprimía el corazón. Estaba tan absorto en su felicidad que casi no prestaba atención al casamentero, que continuaba alabando las cualidades de la novia.

—Pero también debo ser sincero con usted. Verá, la perfección total no existe, como es sabido. Hasta nuestro Rey David, Dios lo tenga en su gloria, provocó las iras humanas y divinas con algunas actitudes impropias. En una palabra: su novia tiene un pequeño, muy pequeño defecto.

—¿Un defecto? —preguntó el pretendiente.

—No se preocupe. Tranquilícese. Se trata de algo muy, muy insignificante. Casi carece de importancia.

—Bueno, dígamelo de una vez.

—Se lo diré. La muchacha está un poquito… un poquito embarazada.

Violines sin trompetas

Es la gran noche en el Carnegie Hall. Noche excepcional y tal vez única. Tres violinistas extraordinarios se presentan simultáneamente en el mismo escenario: Iasha Jaifetz, Isaac Stern y Misha Elman. El señor Horovitz ha conseguido dos billetes para la función y decide invitar a un amigo gentil, el Dr. Pomarché, poco frecuentador de las salas de concierto.

Misha Elman se presenta en primer término. El público estalla en una ovación. El señor Horovitz aplaude entusiasta. Discretamente, se acerca a su invitado y dice con orgullo: "¡Es judío!". El Dr. Pomarché asiente con asombro.

Isaac Stern recibe una ovación similar (o tal vez más intensa) cuando termina su actuación. El Dr. Horovitz se acerca discretamente a su invitado y dice con orgullo: "¡Es judío!". El Dr. Pomarché asiente, aunque ya levemente irritado.

Con Iasha Jaifetz es el delirio. Los minutos se suceden y el público sigue aplaudiendo. El señor Horovitz, incontenible, orgulloso y sin disimulos, exclama:

–¡Es judío!

–¡Jesús! –dice por fin el Dr. Pomarché, visiblemente molesto.

–¡También es judío!

Todo depende del cristal…

El hijo de una familia judeo-polaca estudia en París. Una mañana el padre recibe un telegrama que lo pone furioso. Inmediatamente llama a su esposa y le dice gritando:

–Tu hijo es un sinvergüenza. ¡Mira cómo me trata! ¡Me acaba de enviar un telegrama insultante!

Con voz irritada lee: "¡Padre, envíame dinero!".

–¡A mí nadie me da órdenes!

La madre toma el telegrama y lo lee.

–Querido, estás equivocado. Tu hijo no te da órdenes. Al contrario, te ruega que seas generoso con él. Escucha bien lo que te escribe. Y con voz dulce, tierna y suplicante lee:

–Padre, envíame dinero.

–Bien –dice el padre–. Ya que me lo pide tan humildemente, se lo mandaré de inmediato.

Madre no hay más que una

Tres ancianas judías, sentadas en un parque, conversan sobre las virtudes de sus hijos.

—Mi hijo —dice la primera— es generoso como ninguno. Todas las semanas me visita y me trae algún regalo valioso. El día de mi cumpleaños aparece con una joya y me la ofrece. Es tan bueno. Gasta en mí una fortuna.

—Mi hijo es todo bondad —dice la otra—, jamás repara en gastos. Todos los años me regala un viaje para visitar cualquier país del mundo. Los mejores hoteles, las mejores comidas. Todo para su madre, cueste lo que cueste.

—¿Y qué puedo decirles yo de mi hijo, después de lo que ustedes han contado? —dice la tercera—. Mi hijo visita al psicoanalista cinco veces por semana. Paga cien dólares por sesión. ¿Y saben qué hace todo el tiempo? Habla de mí.

Una imagen vale más que cien palabras

Una señora judía está sentada en el banco de una plaza observando cómo juegan sus nietos. Un caballero se sienta a su lado, contempla la escena y entabla conversación:

—¿Son sus nietos? —pregunta dirigiéndose a la mujer.

—Sí —responde ella sin ocultar su orgullo.

—¡Qué hermosos son! —insiste el caballero.

—¡Oh! Esto no es nada. ¡Si usted viera sus fotos!

Que los niños vengan a mí

La escena es similar al relato anterior. Una mujer judía ya entrada en años observa cómo juegan sus nietos en la plaza. Un caballero se sienta a su lado y llega la pregunta inevitable.

—¿Son sus nietos?

—Sí —contesta orgullosa la anciana.

—Son muy hermosos —insiste el caballero—. Tienen a quien parecerse.

—Gracias —contesta la anciana sin poder disimular su vanidad.

—¿Cuántos años tienen?

—El doctor, cuatro y la dentista, tres.

Nunca es tarde si…

Dos amigos se encuentran en la calle después de no haberse visto durante mucho tiempo.

—Te noto muy deprimido —dice el primero.

—Vengo del cementerio. Murió mi mujer.

—¿Cómo? Si hace tres años yo fui al entierro de tu mujer.

—Sí, es cierto, pero era la primera. Ésta era la segunda.

—¿Así que te volviste a casar? ¡Enhorabuena!

Cuentas claras

Desde el aeropuerto de Nueva York un judío toma un taxi hasta Brooklyn. El chofer también es judío. Al llegar a destino, el conductor mira el contador y dice:

—Son veinte dólares.

—¿Cómo veinte dólares? —exclama el pasajero—. Usted está loco. Yo no voy a pagar esa suma.

—Señor, el contador marca veinte dólares y es lo que debe pagar.

—Hágame un descuento.

—Aquí no hacemos descuentos. O paga lo que me debe o llamo a la policía. No me haga perder tiempo.

—Está bien. Le pagaré.

Mete la mano en el bolsillo, saca un billete y se lo entrega al conductor.

—¡Oiga! Son veinte dólares y usted me ha dado sólo diez.

—¿Acaso usted no viajó conmigo? ¿Qué quiere? ¿Que también pague su parte?

Desde que te fuiste…

Inclinado sobre la tumba, el hombre llora desconsoladamente.

—¿Por qué te fuiste, por qué dejaste este mundo? —repite incesantemente, mezclando las lágrimas con la amargura desgarradora de su voz.

—Con tu muerte empezó mi desdicha. Era tan feliz cuando vivías. Dios, haz el milagro: que retorne a la Tierra y seré el mas dichoso de los mortales.

Y así, entre el llanto y el dolor, el hombre repite desconsoladamente sus ruegos y sus quejas.

Una pareja, conmovida, observa la escena. Por fin el hombre se calma y ellos se le acercan.

—¿La tumba de su esposa? —le preguntaron tímidamente.

—No. La tumba del primer marido de mi esposa.

Un judío diplomático

En el transcurso de una partida de póquer, muere Moisés Babinsky. ¿Cómo avisar a su exquisita esposa esta mala pasada del destino? Hace falta un hombre de tacto, fino y con habilidad para manejar situaciones excepcionales. Los presentes eligen por unanimidad a Matías Kamenstain. Si Bobinsky hubiera vivido, también él lo habría votado. Kamenstain es lo que se llama un "hombre de mundo": viajado, culto, político, sobre todo diplomático. Tiene un único defecto: su gran pasión por el juego y las apuestas.

–Déjenlo en mis manos. Trataré de cumplir este deber con el tacto y la delicadeza necesarios. Aunque no la conozco, sé que la señora Bobinsky es una dama.

Mientras se dirige a casa del difunto, Kamenstain reflexiona sobre la táctica a seguir y mantiene diálogos imaginarios consigo mismo: mide cada palabra y medita cada gesto. Al tocar el timbre de la casa, aparece la señora Bobinsky.

–¿Qué desea? –pregunta la mujer.

Rápido, agudo, sutil y delicado, Kamenstain, con el tono de voz apropiado, exclama:

—Quisiera transmitirle un mensaje a la viuda de Bobinsky.

—¿A la viuda de Bobinsky? Querrá decir a la señora de Bobinsky.

—¿Cuánto quiere apostar que es la viuda de Bobinsky?

Galopando

—Mire —dice un judío tratando de convencer a otro para que le compre un caballo—. Este animal es maravilloso. No he tenido nunca otro igual. Es una luz. Por ejemplo, si usted sale del pueblo a las tres de la mañana, le aseguro que con este caballo llega a Varsovia a las seis.

—¿Y qué tengo que hacer yo en Varsovia a las seis de la mañana?

La ley de la oferta

Una señora se queja:

–¿No le da vergüenza vender la docena de bollos a 80 céntimos, cuando el panadero de la otra calle los vende a 40?

–Pues entonces, señora, cómpreselos al otro.

–Lo que ocurre es que ya se le han terminado.

–Bueno, cuando a mí se me terminen también los voy a vender a 40.

Ser o no ser

Aizenberg y Bercovich estaban sentados, silenciosos, frente a sendos vasos de té. De pronto Aizenberg dice:

–Sabes, Bercovich, la vida es como un vaso de té.

–¿Como un vaso de té? –pregunta Bercovich–. ¿Y por qué?

–Qué sé yo. ¿Acaso tengo cara de filósofo?

Vive como quieras

Un pordiosero judío visita un cementerio y de pronto se encuentra con la tumba del multimillonario Rotschild. Es un monumento espectacular, con mármoles, adornos e inscripciones laudatorias. El pordiosero lo observa fascinado. Toma distancia para admirarlo y se acerca para gozar de cada detalle. Por fin, dándole una última mirada, exclama:

—¡Esto es saber vivir!

Todas las virtudes

—Señor —le dice el pretendiente al casamentero—, quisiera decirle algo.

Y tomándolo de un brazo, en voz baja pero enérgica, exclama indignado:

—Usted me habló de una muchacha joven, bella y rica, y me ha traído este adefesio.

—¿Cómo, no le gusta?

—¡Cómo me va a gustar, si es vieja, fea, miope, le faltan varios dientes, tartamudea, es pobre y proviene de una familia desprestigiada!

–No hace falta que baje la voz –le dice el casamentero–. También es sorda.

El movimiento se demuestra…

–¡Casamentero! La novia que usted me presentó cojea.

–¡Ah!, pero sólo cuando camina.

Demóstenes

–¿Cómo estás, Moisés?

–Ma…al. Muuu…y ma…aal. Fiiiijaatt… tte…que me he pre…see…sssen…tado co… co…mo caaandi…daa…to pa…ra traaa… bajar en el noooooticieeeroo de la tele…vi… sión y me han reee…cha…zado…pooooor- que ssssoy judíoooo.

Business

Un judío compra una manzana por un kopek. La limpia bien y se la vende a otro judío por dos kopeks. Éste a su vez se la vende a un tercero por 5 kopeks. El judío la lustra a su vez y la vende a un campesino por 10 kopeks. El campesino le da un mordisco y descubre que está completamente podrida. Enfurecido va en busca del vendedor y le grita:

—¡Intenté comerme la manzana y está podrida!

—¡Qué locura! —responde el judío—. Esta manzana no sirve para comerla, sirve para venderla.

Hay razones de la razón…

Dos judíos en litigio deciden someter al rabino sus argumentos, para que éste dirima la cuestión. No hace falta exaltar la sabiduría del rabino. Todo el mundo conoce su agudeza, ecuanimidad y sentido de justicia.

—Hable —dice el rabino, dirigiéndose al primer litigante, quien de inmediato expone sus razones. El rabino escucha detenidamente y cuando el judío termina su discurso, dice sin dudar:

—Tiene razón.

Luego, dirigiéndose al segundo, le hace un gesto para que hable. El segundo judío expone sus razones. El rabino escucha detenidamente. Cuando termina su discurso dice:

—Tiene razón.

La mujer del rabino, que está sentada a un costado, observa sorprendida la escena.

—Perdona que intervenga —dice dirigiéndose al rabino—, ¿cómo es posible que digas al primero que tiene razón y luego al segundo que también tiene razón?

—Tú también tienes razón —contesta el rabino.

Higiene

En un restaurante el camarero pregunta a dos señores qué desean beber:

—¿Té o café?

Uno dice:

—Tomaré té.

El otro:

—Yo también, pero por favor que el vaso esté bien limpio.

Al rato vuelve el camarero y dice:

—Aquí están los dos tés. ¿Quién me pidió el vaso limpio?

El saber no ocupa sitio

—Dios me ha castigado —dice un judío— dándome un yerno ignorante. No entiende nada de bebidas, ni de cartas.

—No comprendo por qué te quejas —apunta un amigo—. Se trata de una bendición. ¿Para qué quieres un yerno que sepa de bebidas y de cartas?

—Parece una bendición, pero no lo es. Porque aunque mi yerno no sabe nada de cartas, se pasa el día jugando al póquer, y sin saber beber se pasa el día tomando.

Cada cosa en su lugar

En el restaurante un cliente dice:

—Tráigame un *borscht*.[2]

—Siga mi consejo, pida usted un caldo de gallina —le propone el camarero.

Un segundo cliente dice:

—Tráigame una sopa de guisantes.

—Siga mi consejo —insiste el camarero—. No tome la sopa de guisantes. Pida la sopa de sémola.

Ambos clientes aceptan la sugerencia del camarero. Por fin les llegan las sopas. El primer cliente dice al camarero:

---

[2] Sopa de remolacha.

—El caldo de gallina esta magnífico, el mejor que he tomado en mi vida.

El segundo cliente pregunta:

—Camarero, ¿por qué no me recomendó el caldo de gallina?

—Porque usted no me pidió *borscht*.

Telón

La señora Borenstein tenía pasión por el teatro. Su marido, en cambio, no. El señor Borenstein prefería quedarse en casa viendo televisión.

Una noche, después de discutir, el señor Borenstein decidió acompañar a su mujer a ver una obra de éxito. Durante la función, mientras con un ojo disfrutaba del espectáculo, la señora Borenstein observaba con el otro a su acompañante. Terminada la representación, la señora Borenstein, feliz y satisfecha, interrogó a su esposo convencida de recibir una respuesta positiva.

–Y… ¿te ha gustado? –quiso saber.

–No –respondió secamente Borenstein.

–¿Cómo no? ¿Por qué?

–Te lo diré francamente. El teatro es siempre lo mismo: cuando él quiere, ella no. Cuando ella quiere, él no. Y cuando los dos finalmente quieren, baja el telón.

Las apariencias engañan

En un compartimiento de tren viajaban solamente dos personas. Un joven elegante y silencioso y, frente a él, una anciana judía. A los pocos minutos de salir de la estación, la mujer tuvo necesidad de conversar y sin demasiadas ceremonias, interrumpió las meditaciones del joven.

–Dígame, señor, ¿es usted judío?

El hombre la miró sorprendido.

–¿Yo, judío? De ninguna manera.

La vieja, algo defraudada, guardó silencio, pero no por demasiado tiempo.

—Pero —insistió—, ¿alguien de su familia es judío?

—No —contestó secamente el hombre—. Ni yo ni mis parientes somos judíos.

De nuevo se produjo un silencio, pero a los pocos minutos la mujer dijo:

—¿Está seguro de que no es judío?

—Completamente seguro.

Pero la anciana no se daba por vencida. Finalmente, decidido a deshacerse si no de ella, al menos del interrogatorio, el hombre le dijo:

—Bueno, le voy a decir la verdad: soy judío.

—No me diga: ¡así que es judío! No lo parece…

Antisemitismo felino

Un judío va al cine y en mitad de la proyección del film comienza a gritar, totalmente descontrolado:

—¡Paren esta película! ¡Paren esta película!

Se encienden las luces e inmediatamente se acerca el administrador del cine.

—¿Qué ocurre, señor? ¿Por qué tanto escándalo?

—Esta película es antisemita. Un león se está comiendo a un judío.

—No moleste, señor. La película no es antisemita y además el león no se come a ningún judío.

—Bueno, si es así, que continúe.

A los pocos minutos se oyen nuevamente los gritos del judío.

—¡Paren esta película antisemita! Los leones se están comiendo a los judíos.

Nuevamente interviene el administrador.

—Por favor, señor, no haga escándalo y fíjese bien. Los leones no comen judíos, sino romanos.

—¿Seguro que no son judíos? ¿No me engaña?

—No lo engaño. Son romanos.

A los pocos minutos de proyectarse nuevamente la película el judío interrumpe.

—¡Paren la proyección! ¡Paren la proyección!

El administrador se acerca ya francamente irritado.

—¿Pero qué ocurre ahora? ¿Por qué interrumpe?

—Hay un león que no come.

Reloj que marcas las horas…

Don Jacobo, el judío más rico del pueblo, tiene un nuevo motivo para enorgullecerse: su flamante reloj de oro, comprado en Varsovia, pero fabricado en Suiza. Se trata no sólo del único reloj de oro en el pueblo, sino casi del único reloj del pueblo. Por este motivo don Jacobo se ve continuamente asediado por sus coterráneos:

—¿Puede decirme qué hora es, don Jacobo?

Y don Jacobo, con gesto ceremonioso, extrae el reloj del bolsillo de su chaleco, lo estudia detenidamente y dice:

—En mi reloj de oro son exactamente las siete.

El reloj de oro ha dado prestigio a don Jacobo y causado la admiración de los judíos. Una tarde el rabino del pueblo observa cómo don Jacobo persigue a un niño sin poder darle alcance.

—¿Qué ocurre, don Jacobo? ¿Por qué corre?

Don Jacobo, a pesar de su agitación, logra articular algunas frases.

—Mire lo que ha ocurrido. Yo estaba caminando cuando de pronto se me acerca este niñito y me pregunta: "Don Jacobo, ¿qué hora es?". Yo saco el reloj y le respondo: "Hijo mío, en mi reloj de oro son exactamente las cuatro y media de la tarde". "Gracias, don Jacobo. Por favor, cuando sean las cinco en punto, béseme el trasero". Y esto es lo que ha ocurrido.

—Y ahora —pregunta el rabino—, ¿qué hora es, don Jacobo?

—Ahora —le contesta don Jacobo sacando el reloj de oro de su bolsillo—, son las cinco menos veinte.

—No entiendo por qué tiene tanta prisa. Hasta las cinco aún falta mucho tiempo.

Aprendí filosofía

Un joven judío inexperto y algo torpe con las mujeres consulta a su amigo mundano sobre la táctica a seguir en su primera cita.

—Mira —le dice su amigo—. A las muchachas judías se las anima, interesa y entusiasma con tres temas de conversación: comida, familia y filosofía. Si le preguntas sobre sus preferencias en la comida, ella se siente importante y además nace un clima que incita a confesiones cada vez mas íntimas. Si hablas sobre la familia, ella comprenderá que tus intenciones son honorables. Esto permite un mayor acercamiento. Por último —le aconseja su amigo—, al conversar sobre filosofía demostrarás que eres una persona que respeta la inteligencia, que no se limita a los intereses cotidianos. Si aplicas esta regla, jamás serás defraudado.

—¿Tan sencillo? Bien, lo recordare: comida, familia y filosofía.

Por fin tiene lugar la cita. El joven recuerda: primero la comida.

—¿Te gusta el arenque? —le pregunta a su acompañante.

—No —contesta la chica.

Ahora al segundo tema, piensa el joven, familia.

—¿Tienes hermanos?

—No, no tengo hermanos —contesta ella.

Intentemos ahora con la filosofía, piensa el conquistador, e interroga:

—Pero, si tuvieras un hermano, ¿tú crees que le gustaría comer arenque?

Carné de baile

—Hija mía, esta noche irás a tu primer baile. Escucha mi consejo. Se trata de una experiencia única y peligrosa. Es necesario que no te dejes sorprender. Tu madre ha vivido mucho y sabe lo que puede ocurrir. Imagínatelo. Vas a llegar al salón y te quedarás deslumbrada: las luces, la música, la ropa elegante, todo incita al placer. Eres joven y hermosa y a los pocos minutos se te

acercará un caballero para invitarte a bailar. Tú
accederás. El primer baile será correcto, pero a
partir del segundo notarás la presión suave pero
firme de sus brazos y la cercanía de su cuerpo.
Tú seguirás bailando. Luego, te invitará a beber y después de la tercera copa descubrirá que
el salón es demasiado ruidoso y te invitará al
placentero silencio de su apartamento, donde
podrán por fin conversar cómodamente. Y así
será, pero sólo al principio. Luego te invitará
con otra copa. Acompañados por una música
suave e insinuante, bailará contigo en privado
y de pronto te invitará a compartir su lecho.
Tú aceptarás y tu pobre madre judía, llorará
desconsoladamente.

–No te preocupes, madre. Yo sé cuidarme.
Te prometo que no tendrás que llorar por mi
culpa.

Y se fue a la fiesta. Volvió a la madrugada. Su
madre la aguardaba impaciente.

–¿Y? ¿Cómo te ha ido?

–Tranquilízate, madre. He cumplido mi promesa. Casi todo ocurrió como tú lo habías

imaginado. Llegué al salón, un joven me invitó a bailar, bebimos, luego nos fuimos a su apartamento, puso música suave, volvimos a beber, bailamos y yo le invité a compartir su lecho y ahora su pobre madre judía llora desconsoladamente.

Un caso clínico

El único paciente judío internado en el manicomio decide no comer.

–¡Yo acepto solamente comida *kosher*! ¡No tragaré nada que no sea comida kosher!

Como es de imaginar, ningún manicomio está organizado para preparar comidas especiales y menos kosher, pero los continuos escándalos del judío perturban tanto la vida del establecimiento que el director decide acceder a su deseo. Satisfecho el requerimiento, llega la paz. El judío come y guarda silencio.

Un sábado por la mañana el director hace su visita de rutina y entra en la sala donde está internado el judío y lo sorprende fumando.

–¿Acaso usted ignora que las leyes judías prohíben fumar el día sábado? Usted nos obligó a prepararle comida kosher para respetar sus preceptos religiosos y al mismo tiempo los transgrede. ¿Por qué nos hace esto?

–Señor director, ¿y por qué motivo supone usted que me encuentro internado aquí?

Juventud divino tesoro

Tres ancianos judíos residentes en un hogar geriátrico conversan sobre la pasada juventud.

–Ya no soy el de antes –dice el primero–. Tengo 70 años y no me reconozco. Antes era capaz de devorar una vaca y ahora apenas puedo comer. En todo el día apenas he bebido un poco de leche. El estómago, ése es el problema.

—Yo estoy peor —dice el segundo—. Tengo 80 años y nada queda ya de aquel deportista que fui en mi juventud. Antes caminaba diez kilómetros por día. Hoy he caminado apenas cien metros y no puedo más. Las piernas, ése es el problema.

—Ustedes tienen problemas, ¿eh? —dice el tercero—. Yo sí que verdaderamente tengo problemas. Tengo 90 años y no queda nada de mi juventud. Por ejemplo: esta mañana yo salía de mi habitación cuando me encontré con la muchacha que hace la limpieza. "¿No te gustaría compartir mi habitación?", le dije sin rodeos.

—Pero abuelo —me contestó—, si hemos estado juntos toda la noche…

—¡La memoria! Ése es mi problema.

Resistencia de materiales

Cuando el hijo de una familia judía tiene el privilegio de vivir y estudiar en París financiado por su padre, debe cumplir con una mínima exigencia formal: enviar mensualmente a su casa un informe detallado de sus gastos. Además de reflejar su nivel financiero, un balance testimonia cualidades sociales y éticas. Y un padre judío debe conocer en profundidad a su hijo.

Después de un mes de estancia en París, el joven Poniachisky remitió a su padre el siguiente informe:

Gastos del mes

1) Alojamiento	100 francos
2) Alimentación	150 francos
3) Ropa y varios	50 francos
4) Un hombre no es de madera	20 francos
TOTAL	320 francos

El señor Poniachisky se consideró satisfecho, aunque una tenue sonrisa iluminó su rostro al leer el apartado 4.

El segundo informe llegó exactamente un mes después. Todo seguía igual, excepto el inciso 4 que había aumentado a 50 francos. El tercer mes, sin haberse modificado los demás ítems, inquietó al señor Poniachisky el incremento a 100 francos del rubro 4.

Al cuarto mes, el padre comprobó con perplejidad cuánto había aumentado la partida 4. Decía: "Un hombre no es de madera: 300 francos". El padre leyó el balance varias veces. Después redactó un telegrama para su hijo con el siguiente texto: "Hijo mío: es cierto; un hombre no es de madera, pero tampoco es de hierro".

Sherlock Holmes era judío

En el compartimento de un tren se encuentran dos judíos. Uno de mediana edad; el otro joven, seductor y elegantemente vestido. El hombre mayor, algo formal, se presenta.

—Me llamo Zimerman.

—Yo me llamo Rosenberg —contesta el joven.

—Y ¿adónde va, señor Rosenberg?

—Voy a Teofipol.

–¿A Teofipol? ¡Qué coincidencia! Allí es donde yo vivo. Permítame preguntarle, señor Rosenberg, ¿es usted casado?

–No.

–¿Es usted viajante?

–No.

–¿Va usted por negocios?

–No.

Se hizo un pesado silencio.

¡Ah!, pensó Zimerman, éste es un joven fino. No es viajante, ni hace negocios. Luego, ¿qué hace? ¿A qué se dedica? Seguramente es abogado. Sí, tiene toda la apariencia de un abogado. Un abogado de Varsovia que va a visitar a su cliente a Teofipol. Pero, ¿a qué cliente puede visitar en Teofipol? ¿Qué litigios hay en Teofipol? ¿Se necesita a un abogado para mediar en el robo de una gallina? ¿Y qué clase de abogado se aviene a viajar de Varsovia a Teofipol para visitar a un cliente? Un abogado así no sirve para nada. Si es capaz de venir, mejor que no venga. No, este joven es demasiado distinguido como para ser un miserable abogado que se rebaja a viajar trescientos kilómetros en un viejo tren para visitar a un cliente insignificante. No. Rosenberg no es abogado.

¿Y si fuese ingeniero? Sí. Un ingeniero contratado para construir un monumental edificio. Pero, ¿qué edificio se puede construir en Teofipol, donde el más alto apenas tiene dos pisos? ¿Acaso se necesita un ingeniero para edificar establos? No. No puede tratarse de un ingeniero. ¿Qué será el joven Rosenberg? ¡Cómo no me percaté antes! ¡Está claro! Es médico. Un médico joven y distinguido que va en consulta para un caso complicado. Se trata de un médico talentoso, que en corto tiempo ha hecho una gran carrera. Pero si desde Teofipol llaman en consulta a un médico, ¿por qué llaman a uno tan joven? Un médico de consulta debe tener experiencia y experiencia significa años y el Dr. Rosenberg no puede jactarse de su edad. En una palabra se trata de un médico joven, tal vez sin experiencia. Ahora lo veo claro: se trata de un médico recién graduado que va a Teofipol no para ser consultado. Y si no va por razones profesionales, ¿cuál es el motivo de su viaje? Difícil contestar. Debo tomar en consideración dos hechos. Me ha dicho: a) que no tiene familia en Teofipol; b) que es soltero. Por lo tanto, infiero que siendo un joven médico soltero sin familia en Teofipol viaja a Teofipol para fundar una familia. Creo no equivocarme al deducir que el Dr. Rosenberg se encuentra en este tren porque va a visitar a una muchacha en Teofipol con la intención de casarse con ella.

¿Y quién será la afortunada? Veamos. Los Benzacar tienen una hija, pero acaba de casarse con un muy buen partido. Los Moiserovich tienen dos hijas. A una le interesa solamente su carrera universitaria. La otra vive en París y mejor no hablar de ella. ¿Los Aizenberg? No, no es posible. Sólo tienen un hijo. No tienen hijas. ¿Los Weinschelbaum? Tienen una hija, pero es demasiado joven. Los padres no le permitirían casarse. Las hijas de los Biscubich ya están todas comprometidas. ¿Y la hija de los Tenenbaum? No. Sólo piensa en estos momentos en establecerse en Israel. Los Kaganovich tienen una hija pero no la muestran por pudor. Entonces, no hay ninguna duda.

Los Malasiuk: ellos tienen una hija joven, hermosa, discreta y heredera de una cuantiosa fortuna.

Pero no. Son demasiado ricos y no permitirían que su hija se casara con alguien que no tenga una fortuna superior a la propia. Podría ser la hija de los Watkis, pero no. Ahora recuerdo que está comprometida con un dentista. También está la hija de los Rotenberg, pero tengo dudas. Está empeñada en triunfar en el teatro y difícilmente se casaría con un médico. Quedan los Moskovich.

Los Moskovich… tienen una hija culta, algo arrogante, pero llena de vida e interesada en la ciencia. Sí. Ella puede ser. Recuerdo que una vez me comentó un artículo sobre medicina. Además es muy bonita y estuvo viviendo en Varsovia varios meses. No hay duda. Se trata de Rebeca Moskovich.

El señor Zimerman se levanta como impulsado por un resorte, toma la mano del joven Rosenberg y le dice:

—Doctor Rosenberg, permítame felicitarlo.

—¿Felicitarme? ¿Por qué?

—Por su flamante título de Doctor en Medicina y por su próximo matrimonio con la señorita Rebeca Moskovich.

El doctor Rosenberg palidece y, tartamudeando, dice:

—¿Pero cómo lo sabe? Si ni siquiera se lo he dicho a los padres de la novia.

—¿Que cómo lo sé? Elemental, querido joven, elemental. Un poco de intuición.

El gato sobre el tejado de zinc

Isaías Kestelboim, solterón empedernido, vivía en Varsovia con la sola compañía de su gato Putz. El animalito, regalón y mimoso, era toda su familia: su hermanito menor, su mejor amigo, su hijo. Su madre y su hermano estaban lejos, radicados en la ciudad alemana de Kassel. Para verlos y estar una temporada con ellos, a la vez que realizar algunos negocios, Isaías viajó a Alemania con su gato, su inseparable compañero. Estuvo unos días en casa de los suyos y, al cabo, dejó el animalito a su cuidado y marchó a Colonia para concretar unas operaciones. Tres días después, echando de menos a Putz, llamó a su hermano.

—¿Cómo está el gato? —preguntó a boca de jarro.

—Tu gato ha muerto.

—¡Qué horror! ¡Era toda mi vida! Podrías haberme ahorrado esta impresión, haberme dicho: "Tu gato trepó al tejado". Yo te hubiese llamado al día siguiente y, sólo entonces, me habrías informado: "Tu gato cayó a la calle". Por fin, al otro día, cuando yo me hubiese ido acostumbrando a la desdicha, me podrías haber informado de su muerte.

—Lo siento, Isaías. No me di cuenta. De veras, lo siento.

—Bueno. Pasemos a otra cosa. ¿Cómo está mamá?

—¿Mamá?… Eh… Acaba de subirse al tejado.

El cartero no llama dos veces

Alejandro Schapira envejeció haciendo papeles secundarios en las representaciones de teatro judío en un suburbio neoyorkino. En vano esperó llegar a primer actor o ser llamado por los grandes productores del cine y del teatro.

Cierto jueves, su destino de secundón pareció cambiar bruscamente. El célebre magnate de Hollywood, Darryl Zanuck, le propuso ser la superestrella de un film que comenzaría a rodarse en un par de meses. La propuesta, no obstante, no era inmediata. El productor la sometía a una condición: que Schapira no recibiera ningún telegrama rescindiendo el trato antes de la medianoche del sábado. Vencido por su historia, el cómico se desalentó y pasó el jueves en una profunda depresión. El viernes a la noche, su humor fue cambiando: el telegrama no llegaba y la promesa se iba confirmando. El sábado a la tarde ya era francamente optimista: ningún hombre rico usa la tarde del sábado para redactar un telegrama.

A las nueve de la noche, su acceso al estrellato le parecía un hecho. Llamó apresuradamente a unos cuantos amigos, compró unos fiambres y unas botellas de champaña y decidió festejar el acontecimiento. A la medianoche, llamaron a la puerta. Eufórico y congestionado, Schapira atiende y pasa súbitamente al terror y la palidez: es el cartero que le trae un telegrama. Con manos temblorosas y torpes, el cómico lo abre. Corto silencio. Al terminar la lectura su rostro se ilumina y recupera el color.

—¡Qué suerte! —exclama Alejandro Schapira fuera de sí del gozo—. ¡Mamá ha muerto!

Hay que ayudar a la suerte

Isaac ha sido siempre un judío desdichado. Casado con una mujer gruñona, padre de ocho hijos, sin un trabajo estable y cargado de deudas, toda su vida soñó con el milagro que pudiera redimirlo de la pobreza. Desde su juventud rogó diariamente a Dios y continuó durante treinta años para que lo favoreciera con su bondad, puesto que no veía otra salida a su desastrosa condición de indigente perpetuo.

–Mi Dios, ayúdame. Necesito ganar la lotería para salvar a mi familia, para que mis famélicos hijitos puedan comer, para que mi esposa recupere la paz que perdió. Ayúdame, ayúdame y déjame ganar la lotería. Te lo ruego. Te lo ruego. Te lo ruego.

Pero Dios parecía ajeno a sus insistentes plegarias. Envejecido, desesperado por su situación tras tantos años de fracasos, una mañana decidió, al término de las plegarias colectivas, quedarse solo en la sinagoga para rezar.

–Tal vez –reflexionó–, abrumado por tantas peticiones simultáneas, Dios no escuchaba mi clamor. Si se lo pido a solas es posible que me escuche, se conmueva y me complazca.

Dicho y hecho. En la sinagoga vacía, Isaac se dirigió al Señor:

–Dios mío, durante treinta años te he rogado que me bendigas con tu generosidad y me permitas ganar la lotería. Ayúdame, ayúdame y no me abandones

En ese momento, en la solitaria sinagoga, se desencadenó una tormenta al estilo bíblico, con rayos y truenos y relámpagos y de pronto se escuchó la voz que junto a la zarza ardiente habló con el gran Moisés, en pleno desierto.

–Isaac –dijo el Señor–, yo jamás te he abandonado. Siempre estuve junto a ti y a los tuyos y he intentado bendecirte con la suerte.

–Pero no lo has hecho, mi Señor, a pesar de que durante treinta años te lo he rogado –respondió Isaac–. ¿Cuándo vas a ayudarme? ¿Cuándo ya no te necesite?

–Mi querido Isaac, yo deseo recompensarte, pero ¿cómo quieres que lo haga si en treinta años jamás compraste un billete de lotería?

Hay ojos que no siempre ven

En un pueblecito instalado en los límites de la frontera ruso-polaca, desde tiempos inmemoriales los habitantes tenían la posibilidad de cruzar la frontera para trabajar en el país vecino, lo que era legalmente aceptado. A pesar del estricto control, más de una vez algún avispado conseguía burlar la vigilancia aduanera y pasar algunos productos de contrabando. Otros, con menos habilidad, terminaban sus días en la cárcel.

Jaskel Levin apareció un día en la frontera con la intención de pasar por la aduana rusa. Disponía de la respectiva autorización y, para sus necesidades de trabajo, llevaba consigo una carretilla. El controlador ruso, un viejo listo y de malas pulgas, comenzó a sospechar de Jaskel desde el instante en que apareció. Su olfato y la experiencia acumulada le advertían que aquel judío era el típico contrabandista y él, Iván Dorodin, estaba dispuesto a desenmascararlo y conducirlo a la prisión, tal como se merecía.

Cuando Jaskel llegó a la aduana tras cruzar la frontera, Iván lo obligó a desvestirse, pero nada pudo encontrar entre sus ropas ni en su cuerpo desnudo. Luego revisó la carretilla. Sobre el fondo del cajón había un paquete envuelto en papel. En su interior, un trozo de pan y otro poco de fiambre. Nada más. Desconfiado, Iván redujo el pan y el fiambre a trozos insignificantes, pero nada pudo encontrar. Luego se dedicó a desmontar la única rueda de la carretilla y cada una de sus partes sin descubrir ningún indicio sospechoso.

–Jaskel –le dijo–, tú eres un pillo y estoy convencido de que traes artículos para venderlos de contrabando. Hoy no he encontrado ninguno, pero te aseguro que algún día voy a descubrir qué contrabandeas e irás a parar con tus huesos a la cárcel. Ese día seré muy feliz.

Y lo dejó pasar. Desde ese momento, Jaskel tuvo que someterse a la misma ceremonia, a pesar de que Iván, carcomido por las sospechas, jamás pudo descubrir ninguna irregularidad.

Sometiéndose uno y controlándolo el otro, casi sin darse cuenta transcurrieron diez años. Cierto día, un Iván envejecido le comentó a Jaskel en tono amigable y confidencial:

–Me he jubilado y hoy es mi último día de trabajo. Durante todos estos años viví obsesionado con una incógnita y te ruego que hoy me la resuelvas. Juro ante Dios y por la salud de mi familia que jamás contaré a nadie tu confidencia, pero no podré vivir en paz si no conozco la respuesta. No te delataré ni comentaré con nadie lo que me vas a confiar. Te doy mi palabra.

Jaskel lo observó con una mirada serena y respondió:

—Estoy convencido de que vas a cumplir tu palabra. ¿Qué deseas saber?

—Dime la verdad. Todos estos años, ¿te dedicaste al contrabando?

Jaskel respondió:

—Te voy a decir la verdad. Tuve que hacerlo porque ustedes me explotaban, me pagaban poco y las necesidades de mi familia eran muchas. Tuve que recurrir al contrabando para poder vivir, te lo confieso.

Iván tenía el rostro desencajado:

—Pero, ¿qué contrabandeabas si tras tantos controles jamás pude encontrar nada sospechoso ni entre tus ropas ni en la carretilla?

Jaskel esbozó una sonrisa:

—Mi querido Iván, ¿quieres saber qué productos contrabandeaba?

—Sí y también dónde los escondías —agregó ansioso Iván.

Entonces Jaskel le reveló la verdad:

—No escondía nada. Todo estaba a la vista. Me dedicaba al contrabando de carretillas.

Sólo los ricos pueden ser pobres.

En un día festivo, reunidos en la esplendorosa sinagoga los miembros más conspicuos de la comunidad judía, es decir los más adinerados, se produjo un fenómeno colectivo y emocional. Repentinamente y sin que nada lo indicara, un ataque de misticismo dominó al rabino quien, fuera de sí, comenzó a gritar desde el fondo de sus entrañas:

—Dios, mi Dios, tú lo eres todo y yo no soy nadie. No soy nadie, nadie, nadie.

El rabino se arrodilló y al extender los brazos al cielo volvió a repetir el mismo sonsonete, sin detenerse:

—Dios es todo y yo no soy nadie.

En la sinagoga los creyentes se sintieron atrapados por el ataque místico del rabino y todo fue silencio. Sólo se escuchaba el grito desgarrado del rabino:

—Dios es todo y yo no soy nadie.

El presidente de la comunidad comprendió que se había plasmado un gran momento histórico y, más por razones políticas que por misticismo, decidió imitar al rabino. Postrándose, y con los brazos extendidos, comenzó a gritar:

—Dios es todo y yo no soy nadie, no soy nadie...

El secretario general de la comunidad no quiso perderse la oportunidad de mostrarse sensible ante sus electores y de inmediato imitó al rabino y al presidente.

Al rato se sumaron a la gritería otros personajes destacados, como el director del banco, el tesorero, el dueño de una fábrica importante.

Todos gritaban la misma frase inspirada por el rabino:

—Dios es todo y yo no soy nadie.

El *shames*,[3] auténticamente conmovido por el clima místico que lo rodeaba, impulsado por sus sentimientos más puros, también se arrodilló para sumarse al coro.

—Dios es todo y yo no soy nadie. No soy nadie —comenzó a gritar entre lágrimas.

El presidente de la comunidad abrió los ojos para identificar esa nueva voz que se sumaba a la suya y al ver que se trataba del *shames* exclamó con desdén para poner las cosas en su sitio:

—¡Qué tiempos los nuestros! Adónde vamos a parar, si hasta el *shames* se cree que es "nadie".

---

[3]   Mezcla de sirviente, bedel, encargado del orden y de la limpieza de la sinagoga, típico representante de la escala social más baja de una comunidad.

La casada (judía) infiel

No se trata de la versión judaizada del poema de Federico García Lorca, sino de una historia más prosaica. Moishe estaba al borde de la muerte y una duda lo obsesionaba. Su mujer, Rebeca, no se movía de su lecho y lo acompañaba tan amorosamente en sus horas postreras que Moishe no se atrevía a formularle la pregunta que durante años le había carcomido el alma.

–Querida Rebeca –dijo al fin–, ha llegado la hora de la verdad. Para morir en paz necesito que me confieses si alguna vez me has sido infiel. Mi curiosidad es mayor que el dolor que podrías infligirme si la respuesta fuera positiva y desde ya te perdono todo, sea lo que sea. Sólo te ruego que me cuentes la verdad y nada más que la verdad.

Rebeca, tras dudar unos instantes, decidió sincerarse:

–Querido Moishe, te lo confieso. En toda mi vida te he sido infiel tres veces, pero sólo con el único propósito de ayudarte.

Moishe no salía de su estupor.

—¿Cómo pudiste hacerme eso? —grito con un hilito de voz desesperado.

—Te lo dije: lo hice para ayudarte. ¿Recuerdas cuando disputabas la gerencia de tu empresa con otro candidato?

—Claro que lo recuerdo.

—¿Por qué crees que te nombraron gerente? Fui a ver al presidente de la compañía y lo convencí, en la forma que te imaginas, de que te eligiera.

Moishe la miró con agradecimiento.

—Tal vez por mis propios méritos me hubiesen designado gerente, pero es posible que tu intervención haya afianzado mis posibilidades. Te lo agradezco y te perdono. Dime qué ocurrió la segunda vez.

—Casi lo mismo. Querías entrar al club de golf como socio y la cuota estaba cerrada. Fui a ver al presidente del club y, ya sabes cómo, conseguí que te aceptaran. Valió la pena el sacrificio: ahora eres el presidente del club.

–Es cierto. Te lo agradezco y también te lo perdono. Dime cuándo y cómo sucedió la tercera vez.

–Justamente tiene que ver con el momento en que te eligieron presidente del club. ¿Recuerdas que te faltaban setenta y cinco votos para triunfar? ¿Quién crees que te los consiguió?

La viuda alegre y la otra

Dos viudas conversaban nostálgicas sobre los méritos de sus difuntos esposos.

–Mi marido –comentaba la primera con lágrimas en los ojos– era una persona muy buena y por eso todo el mundo lo quería. No era jactancioso, ni orgulloso, sino modesto y amable. Hablaba con cualquiera, con los vecinos, con los porteros de la vecindad, con todos. Jugaba con los niños del barrio, que lo adoraban.

La otra viuda, que la escuchaba atentamente, no pudo aguantar más y con toda sinceridad dijo:

—Mi marido tampoco valía gran cosa.

Resurrección obligatoria

Los judíos de Iashcherkes, una aldehuela perdida en la vastedad del imperio ruso, estaban convencidos de que Ioshúa, el hijo de Iosef el carpintero, se había vuelto loco.

Un día salió a predicar entre los judíos anunciando que él era Jesús de Nazareth y que había vuelto a la Tierra para convertirlos a la verdadera doctrina.

Los judíos lo trataron como se trata a un loco y le aconsejaron con sorna que se fuera a predicar entre los gentiles, donde seguramente tendría gran éxito. Ioshúa, ni corto ni perezoso, tomó el consejo al pie de la letra y comenzó a vagar por los campos buscando discípulos entre los rústicos campesinos.

Aunque les hablaba en ídish y recitaba, en hebreo, versículos del Viejo Testamento, las pocas palabras rusas que conocía, sumadas a sus atributos de apasionado predicador, despertaron la atención de algunos curiosos, de varios ingenuos y de muchos malintencionados que comenzaron a seguirlo en sus correrías y, sin proponérselo, se transformaron en sus presuntos seguidores. En realidad, cada una de sus intervenciones provocaba un gran jolgorio en la monótona existencia de los labriegos. El pobre Ioshúa confundía sus burlas con expresiones de adhesión y entrega.

En poco tiempo, Ioshúa consiguió que una docena de adeptos lo siguiera. No comprendían su lenguaje, pero su mensaje sereno –que a menudo se tornaba apocalíptico– despertaba la admiración de esos brutos ignorantes proclives a creer lo que no entendían: lentamente las bromas declinaron para transformarse en un silencioso respeto. Lo escuchaban con atención sin entenderle una palabra.

El comisario del zar miraba con desconfianza al predicador y a sus prosélitos. Pero como se trataba de gente tranquila, que paseaba por el campo y los pueblos gentiles para divertirse sin hacer daño a nadie y su líder se limitaba a criticar a los fariseos en un lenguaje incomprensible, decidió no tomar ninguna medida en su contra mientras no llegara al límite que él mismo se había fijado.

Un atardecer Ioshúa cambió sus hábitos y solicitó a sus catecúmenos que se sentaran a su alrededor, en una especie de conciliábulo íntimo, porque tenía que comunicarles algo importante:

—Voy a hablarles en una lengua pagana —dijo en un ruso elemental pero intuible— porque quiero que todos me comprendan y hagan lo que voy a ordenarles.

Los campesinos comenzaron a escucharlo en silencio, esforzándose por entender sus palabras. Ioshúa continuó:

—Dentro de pocos días vamos a celebrar la fiesta de Pascua. No estamos en Jerusalén, como hace casi dos mil años, ni ustedes son romanos, pero está escrito en mi destino que después de Pascua yo sea crucificado hasta la muerte. Ustedes serán los encargados de hacerlo.

Los labriegos lo escucharon estupefactos. Comenzaron a conversar entre sí en ruso para esclarecer si en realidad habían entendido bien el mandato.

Ioshúa los observaba con desconfianza y volvió a repetirles:

—Ustedes no son romanos, sino cristianos, y siendo tales deben acatar mis disposiciones. Después de la fiesta de Pascua quiero que me crucifiquen y me dejen en la cruz hasta que muera. Amén.

Los campesinos no sabían qué hacer. Comenzaron a discutir entre sí, algunos a favor, la mayoría en contra. Después de varias horas de desacuerdos decidieron someter el tema al comisario del zar, según consenso unánime, un hombre prudente y sensato, que podía resolver de manera equilibrada la duda que los enfrentaba.

El comisario los escuchó con atención y luego comenzó a preguntar con rostro severo, tal como lo exigían las circunstancias:

—¿Así que el hombre afirma que es Jesús, nuestro Señor?

–Sí, comisario, así dice –respondieron los campesinos al unísono.

–¿Y tal como lo hizo Jesús, predica por campos y aldeas?

–Sí, comisario.

–¿Y quiere que después de Pascua lo crucifiquen hasta dejarlo morir?

–Sí, comisario, hasta dejarlo morir.

El rostro del comisario adquirió los rasgos del hombre habituado a meditar acerca de temas complejos y profundos, y sobre todo, a la búsqueda y al hallazgo de soluciones adecuadas, por no decir brillantes. Los campesinos estaban pendientes de sus palabras.

El comisario, con voz serena, sentenció:

–Dadas las circunstancias, opino que debe acatarse su voluntad y por lo tanto, y si ustedes lo desean, pueden crucificarlo.

Algunos campesinos se sintieron solidarios con la posición del comisario:

–Después de Pascua lo vamos a crucificar –anunciaron, entusiasmados con la perspectiva de una reedición histórica.

Pero cuando se acercaban a la puerta de salida uno de los campesinos se volvió para plantear sus dudas:

—Señor comisario, ¿está usted seguro de que podemos crucificarlo?

—Claro que sí —respondió el comisario—. Pueden hacerlo, pero recuerden que si se muere y al tercer día no resucita, todos ustedes terminarán en Siberia.

No toquen a la suegra

Hace un mes que Isaías Shlimazel viaja por toda la República como corredor y representante de una fabriquita de ropa interior femenina. Las ventas no han sido brillantes, pero no son las cifras las que lo torturan. Está resignado a su destino mediocre, pero en cambio la prolongada separación de su mujer lo angustia. Isaías es hombre fiel y aunque los caminos están plagados de oportunidades y tentaciones él disfruta recordando a su querida esposa y deseándola cada noche, tal como sucedía cuando se casaron, veinte años ha. Isaías se siente feliz porque ha terminado su peregrinaje y está por llegar a su dulce hogar y mientras se acerca fantasea con su amada y se imagina refocilándose con ella. Aunque está fatigado y es cerca de medianoche, la bestia que anida en nuestras entrañas lo domina y sin considerar que su querida descansa sumida en un sueño profundo entra al dormitorio, se introduce en el lecho matrimonial, se deja llevar por la pasión y es correspondido con suspiros y caricias que reflejan el placer del encuentro amoroso. Aunque su mujer se ha despertado para compartir sus deseos, apenas terminada la tarea, sigue durmiendo.

Isaías, ya relajado, siente que el apetito se ha desplazado hacia su aparato digestivo.

Instigado por el hambre se dirige a la cocina y cuando abre la puerta su perplejidad no tiene límites: sentada junto a la mesa, semidormida, está su esposa Sara, ejerciendo un incomprensible don de ubicuidad.

—¿Qué hacés aquí? —pregunta sorprendido Isaías.

—¿Cómo que hago aquí? —responde la también sorprendida esposa—. Aquí te estoy esperando toda la noche.

—¿Qué quiere decir "toda la noche"? —pregunta el cada vez más perplejo Isaías—. ¡Si hace un momento estuviste en la cama conmigo!

—¿Contigo? —insiste la ingenua esposa—. Imposible. Toda la noche estuve en la cocina porque mamá…

En ese instante Sara empalidece y, para terminar la frase, apela a la ayuda divina.

—…porque mamá —repite— estaba muy cansada y se acostó un rato en nuestra cama para reponerse.

Esta vez, es Isaías quien entra en pánico. Al notarlo, Sara lo entiende todo. Con ambas manos se cubre la cara y con una voz cargada de infinita angustia vocifera:

—¡Cómo pudiste hacerle eso a mamá! ¡Eres un degenerado, una porquería!

Isaías no atina a defenderse. Apenas balbucea:

—Te juro que creí que eras tú. Una confusión, un maldito error…

Pero sus argumentos, en vez de calmar a Sara, terminan por exacerbarla aún más:

—Así que no diferencias entre mi madre y yo. Para ti ambas somos lo mismo…

En ese momento la ira de Sara se canaliza hacia su madre. Furiosa y humillada, se dirige al dormitorio para despertar, sin ninguna consideración, a su dormida madre.

—Mamá, quiero saber la verdad. ¿Te diste cuenta que Isaías se metió en la cama y se puso a tu lado?

—¡Claro que me di cuenta! ¿Acaso soy una idiota?

—¿Te diste cuenta también de lo que Isaías te hizo después?

—¡Claro que me di cuenta!

—Pero, mamá, si te diste cuenta de lo que sucedía, ¿por qué no le dijiste nada?

—¿Qué pregunta me haces? No le dije nada porque tengo y respeto mis principios. Hace veinte años que no me hablo con mi yerno, ¿te parece que ése era el momento de volver a conversar?